ÉCOLES ÉLÉMENTAIRES. — *LECTURE.*

PREMIER TABLEAU.

1re Leçon.

Voyelles ou sons simples.

a e i o u

2e Leçon.

Sons modifiés.

a	e	i	o	u
pa	pe	pi	po	pu
ma	me	mi	mo	mu
ra	re	ri	ro	ru
va	ve	vi	vo	vu

Modificatifs ou consonnes simples.

p m r v m p r v

pa-pa	pa-pe	pi-pe	po-pe	pu-re
ma-ri	ra-me	mi-me	mo-re	ma-re
ra-re	ri-re	ri-me	ro-me	pa-ru
pa-va	ra-ve	vi-ve	vo-mi	re-vu

• 3e Leçon.

a	e	i	o	u
na	ne	ni	no	nu
ba	be	bi	bo	bu
da	de	di	do	du
la	le	li	lo	lu

n b d l p b m n v r

ni-na	mi-ne	pu-ni	bo-ni	ve-nu
ba-ve	ro-be	bi-le	mo-de	bu-re
da-me	mo-de	mi-di	do-re	du-re
la-me	mu-le	li-me	po-li	lu-ne

4^e Leçon.

a	e	i	o	u
ha	he	hi	ho	hu
fa	fe	fi	fo	fu
sa	se	si	so	su
ba	be	bi	bo	bu

h f s b p d m l n v r

ha-bi-le	bo-bi-ne	so-li-de	fu-me
sa-la-de	vo-lu-me	pa-ra-fe	si-re
fa-vo-ri	fa-mi-ne	le-vu-re	su-a-ve
ba-di-ne	hu-mi-de	ho-no-re	fio-le

5e Leçon.

a	e	i	o	u
ta	te	ti	to	tu
xa	xe	xi	xo	xu
za	ze	zi	zo	zu
da	de	di	do	du

t x z h f s b p d m n

le ta-fia	pe-ti-te	ra-do-te	tu-li-pe
to-pa-ze	zi-zi	a-zu-re	a-zo-te
le va-se	vi-si-te	me-su-re	i-so-le
le lu-xe	fui-te	tui-le	ma-xi-me

On trouve à la Librairie de Grimblot, Raybois et Cie, place Stanislas, 7, et rue Saint-Dizier, 125, la collection des tableaux et les leçons de lecture, volume in-16, renfermant l'indication des procédés et les remarques sur la méthode.

Nancy, imprimerie de RAYBOIS et Cie.

DEUXIÈME TABLEAU.

6ᵉ LEÇON.

ca	....	co	....	cu
qua	que	quo	qui	qu
ka	ke	ko	ki	ku

ça	ce	ço	ci	çu
ssa	sse	sso	ssi	ssu

b d p q l h k r c ç s t v x z

ca-ra-fe	co-li-que	ca-po-te	mo-ka
pi-qua	ce-ri-se	ci-vi-le	cu-ve
fa-ça-de	la ci-re	la no-ce	re-çu
pa-ssa-de	a-ssi-se	ma-sse	bo-ssu

7ᵉ LEÇON.

ga	gue	gui	go	gu
gua	go	gu	gui	gue
go	gui	gue	gu	ga

ja	jo	j'i	je	ju
gea	geo	gi	ge	....

f g j k h l m n p s q b r d c

ga-gea	gui-ta-re	fi-gue	ju-ju-be
je ja-se	fi-gu-re	je ga-ge	vo-gue
la ga-ze	fa-ti-gua	ju-gea	ci-ga-le
le ju-ge	bi-go-te	gi-ra-fe	gui-de

8ᵉ LEÇON.

∧
Accent circonflexe.

â	ô	ê	ê
hâ-le	hô-te	bê-te	gê-ne
bâ-ti	cô-te	fê-te	quê-te
gâ-te	rô-ti	tê-te	guê-pe

î	ie	û	ue
dî-ne	la mie	mû-re	la mue
gî-te	la pie	pi-qû-re	la rue
vî-te	la vie	sû-re	la vue

9ᵉ LEÇON.

➤
Accent aigu.

é	é	é	é
bé-bé	ré-sé-da	ga-gé	pié-té
la-cé	zé-lé	fa-ti-gué	pi-tié
pa-ssé	ta-xé	pi-qué	a-mi-tié

◣
Accent grave.

è	è	è	è
mè-re	co-lè-re	cè-ne	ri-viè-re
pè-re	sé-vè-re	é-lè-ve	li-siè-re
fè-ve	lé-gè-re	zè-le	li-tiè-re

a b c d e f g h i j k l m n o p q r s t u v x y z
A B C D E F G H I J K L M N O P Q R S T U V X Y Z

LEÇONS GRADUÉES DE LECTURE SANS ÉPELLATION ET D'ORTHOGRAPHE USUELLE, PAR VIRGINIE MAUVAIS.

TROISIÈME TABLEAU.

a   â   e   é   è   ê   i   î   ie   o   ô   u   û   eu

10ᵉ Leçon.

Ju lic fe ra de la sa la de.
Pa pa fu me ra sa pi pe.
Ro se a bu de ce ra ta fia.
Ma xi me se ra à la pa ra de.
Pa cô me a u ne jo lie re li que.
La mi bâ ti ra u ne ca ba ne.
Lu ce ca sse ra ta gui ta re.
Zo é sa li ra sa ro be de ga ze.
L'é tu de me se ra u ti le.
Ma ca ma ra de a du ju ju be.
Ta pe ti te a mie a de la co lè re.
Sa mè re a re çu u ne cu ve.

11ᵉ Leçon.

Ro si ne a u ne ci vi li té.
Ju lie ho no re ma mè re.
Lu cie a u ne fi gue cui te.
Ma xi me a u ne jo lie fi gu re.
Pa pa a te nu sa pa ro le.
Sa jo lie pe ti te a mie fi dè le.
Zo é a u ne tê te lé gè re.
Ta mè re i ra à la geô le.
Pa pa ha bi te ra ta ca ba ne.
Ro sa lie a gâ té ma pâ te.
I da a je té sa pe ti te pe lo te.
Go go te fa ti gue ta mè re.

12ᵉ Leçon.

Zo é a bu ta ta sse de ca fé.
La mi pi qua ma pe ti te pie.
A dè le a vo lé du ré sé da
Ro se a quê té à la fê te.
Jé rô me a é té ri di cu le.
U ne guê pe a pi qué pa pa.
É mi le a ca ssé ma ca ge.
Ro se me di ra la vé ri té.
L'é vê que a é té à Ro me.
Lu ce la ça ta jo lie ro be.
Ma xi me i ra à la ri viè re.
Ca ro li ne a bu de la biè re.

13ᵉ Leçon.

Ma fio le se ra i nu ti le.
Ca ro li ne a la co li que.
Ce cu ré a de la pié té.
É mi lie a é vi té la co lè re.
Pa cô me ju gea ta sé vé ri té.
Ce fa vo ri a é té hu mi li é.
Zo é a vu ce jo li va se a zu ré.
Ro se lui la ve ra la fi gu re.
Jé rô me i ra à la re vue.
Lu cie a u ne jo lie te nue.
Ca ro li ne dî ne ra à l'é co le.
Ma mè re a vu u ne jo lie gi ra fe.

Leçons graduées de lecture sans épellation d'orthographe usuelle, par VIRGINIE MAUVAIS.

Nancy, imprimerie de RAYBOIS et Cᵉ.

QUATRIÈME TABLEAU.

14ᵉ Leçon.

ou	ou	ou	oue
bou–le	pou–le	cou–cou	la bouc
dou–ce	sou–pe	goû–té	la joue
fou–lé	tou–tou	jou–jou	la roue

au	au	eau	eau
bau–me	cau–sé	cou–teau	l'eau
dau–be	gau–le	rou–leau	la peau
sau–vé	jau–ne	tau–reau	le veau

Rou beau a mou lu du ca fé mo ka.
Ro se au ra ce beau ri deau jau ne.
A dè le a vou lu de ma sou pe.

15ᵉ Leçon.

eu	eu	eu	eu
meu–le	jeû–ne	le feu	a–dieu
neu–ve	gueu–se	le jeu	le lieu
veu–ve	queue	le peu	le pieu

oi	oi	oi	oie
boî–te	toi–le	le roi	la joie
doi–ve	poi–re	la foi	la soie
noi–re	quoi	la loi	la voie

Voi là u ne lié geoi se cou ra geu se.
Eu la lie a u ne voi si ne heu reu se.
Mau ri ce a vou lu ce beau foie d'oie.

16ᵉ Leçon.

on	on	on	om
bon–bon	le pion	ga–geons	tom–bé
fon–du	le lion	ju–geons	pom–pon
gon–do–le	l'u–nion	lo–geons	rom–pu

un			un
me–lun	un pi-geon	un vio–lon	a–lun
au–tun	un gou-jon	un ga–zon	qu'un
au–cun	un bou-ton	un ma-çon	jeun

Zé non tu toie son bon pè re.
Nous fa ti guons ce beau pi geon.
Si mon, pi quons ce jo li me lon.

17ᵉ Leçon.

an	an	am
ban–deau	man-geant	jam–be
gan–se	ran-geant	lam-pion
quan–ti–té	ron-geant	cam–pé

en	en	em
cen–ti–me	fen–dons	em–me–né
pen–sion	sen–tons	rem–boî–té
gen–ci–ve	ten–dons	tem–pé–ré

Rou beau a de la tem pé ran ce.
Lau ren ce a voue son men son ge.
An toi ne a man gé ma vian de.

CINQUIÈME TABLEAU.

ou   au   an   on   eu   oi   en   om   oue   em   eau   un   am   oie

18ᵉ Leçon.

in	in	im
din-don	lon-gin	tim-ba-le
pin-ceau	bé-guin	lim-pi-de
tin-touin	co-quin	guim-be

ain	ein	ien
pou-lain	cein-tu-re	com-bien
hau-tain	pein-tu-re	sou-tien
re-gain	tein-tu-re	main-tien

Ro main em mè ne ce bam bin.
Voi là un bien vi lain ba ra gouin
Mon cou sin a un beau cein tu ron.

19ᵉ Leçon.

éc	er	er
la pou-pée	le dî-ner	le pa-nier
la pin-cée	le goû-ter	le sou-lier
la den-rée	le sou-per	le fi-guier

ez	ai	ai
vous lo-gez	je tom-bai	je lo-geai
vous bu-vez	je joue-rai	je ju-geai
vous pi-quez	je goû-tai	je ga-geai

Vous pin cez le nez à ce vau rien.
Lé ger a bien be soin de sain foin.
Vous fa ti guez ce bon té moin.

20ᵉ Leçon.

ef-f	el-l	en-n
ef-fa-cez	re-bel-le	an-cien-ne
ef-fi-ca-ce	na-cel-le	in-dien-ne
ef-fa-ré	se-mel-le	ju-lien-ne

es-s	er-r	et-t
des dé-es-ses	mes ter-res	ga-zet-te
les mes-ses	tes ver-res	co-quet-te
ses â-nes-ses	ces guer-res	ba-guet-te

Bou lan ger i ra à la mes se.
Je lo geai u ne bel le pa ri sien ne.
Ca det loue ra ta guin guet te.

21ᵉ Leçon.

ei	ei	ei
la nei-ge	ba-lei-ne	la sei-ne
la pei-ne	rei-net-te	la vei-ne
la rei-ne	se-rei-ne	le sei-ze

ai-	ai-	ai-
la hai-ne	li-ai-son	la sai-son
la lai-ne	no-tai-re	la cai-sse
le rai-sin	vi-cai-re	la gaî-ne

Cet te cai sse est bien né ces sai re.
Je ver rai ses bel les rei net tes.
Pier ron a vou lu man ger ce rai sin.

Leçons graduées de lecture sans épellation et d'orthographe usuelle, par VIRGINIE MAUVAIS.

NANCY, Imprimerie de RAYBOIS et Cⁱᵉ.

ai- an in on au im ai en ain om oi ein ei am ou ien em

22e Leçon.

An toi ne a bien cau sé à l'é co le.
Ma man a de la gan se en soie.
Fan fan a man gé du veau rô ti.
On a fou lé mon beau ga zon.
Li sez cet te bel le pe ti te le çon.
Pau lin a la peau bien dou ce.
Co lin a de la biè re mou sseu se.
Voi là u ne eau bien lim pi de.
Em me nez ce vi lain po li sson.
Je man geai u ne poi re fon dan te.
Je ca res se cet te bê te sau va ge.
Ma jo lie pou pée est tom bée.

23e Leçon.

Cet te rei ne a un beau main tien.
Pau lin a beau coup de re li gion.
Ma man con so le ma jeu ne tan te.
An toi net te est bien pa res seu se.
Ce bam bin a ven du mon jam bon.
Si mon a u ne ma man pieu se.
La pui ssan ce du bon Dieu.
Co lin a mon jo li pom pon rou ge.
Ma sson a du vin bien vieux.
Ce vi lain co quin est un im pie.
Dieu pu ni ra ton men son ge.
Eu la lie a beau coup de sa ges se.

24e Leçon.

J' ai de la pâ te de gui mau ve.
Ta san té est bien mau vai se.
Pau li ne au ra u ne bé gui net te.
Man geons ce pi geon et ce bou din.
Mon a mi em bau me un oi seau.
J'au rai cet te bel le pe ti te mai son.
Ta cou si ne est bien peu reu se.
Cet é co lier a é té en pé ni ten ce.
Ce cui si nier a ca ssé cet o ran ger.
Mon cou sin est un bon mé de cin.
Rou beau joue bien du vio lon.
Mon voi sin a soin de ton re gain.

25e Leçon.

J'ai gau lé ces bel les noi set tes.
Je dé ter re cet te pe ti te pier re.
Ju liet te a man gé ma con fi tu re.
Zé non ver ra des a mé ri cains.
Da mien a vu son an cien a mi.
Mo reau a de man dé ton poin çon.
Ca det a un gi let bien re teint.
Mes pou lains sont bien ma la des.
Quel le bel le ba guet te noi re.
Lou i se a cou su ton pan ta lon.
É tien ne a ven du cet te in dien ne.
Fan fan m'en voie u ne lam pe.

Leçons graduées de lecture sans épellation et d'orthographe usuelle, par VIRGINIE MAUVAIS.

26ᵉ Leçon.

ais	ais	ait
je bou–dais	tu jeû–nais	elle bu–vait
je dan–sais	tu pen–sais	elle ver–rait
je pi–quais	tu pin–çais	elle la–çait
je na–geais	tu son–geais	elle ju–geait
je lo–geais	tu ven–geais	elle ga–geait
je ga–geais	tu ran–geais	elle lo–geait

Ju liet te a do rait le bon Dieu.
Je man geais de bon lai ta ge.
É tien ne vou lait mon per ro quet.
Tu ai mais ma dou ce mè re.
Mon pè re ven geait le roi et la rei ne.

27ᵉ Leçon.

ll, l mouillées.

la ta–ille	ba-ta–illon	le bé–tail
la ta–ille	la pa–illa-sse	le co–rail
la ca–ille	mé-da-illon	le dé–tail
hou–ille	bou–illon	sou–illon
rou–illé	bou–illan-te	dé–pou–ille
pou–illez	mou–illez	que–nou–ille

Ju lien a un pan ta lon   mou illé.
É tien ne a u ne bel le mé da ille.
Tu man geais u ne an dou illet te.
Les en ne mis m' ont dé pou illé.
Ma ta illeu se a u ne jo lie ta ille.

28ᵉ Leçon.

ll, l mouillées.

la fi–lle	pa-pi–llon	le ba–bil
la bi–lle	oi–si–llon	le pé–ril
la qui–lle	co–ti–llon	le ba–bil
la bou-tei–lle	vei–llez	le so–leil
l'o–sei–lle	tei–llez	le con–seil
la viei–lle	viei–lli	le ré–veil

I sa bel le a un jo li pa pi llon.
Qui ai me le so leil, ai me Dieu.
Ta mè re a u ne bel le viei lles se.
Mon co ti llon é tait sou illé.
Ta ta illeu se a   un vi lain ba bil.

29ᵉ Leçon.

ll, l mouillées.

la feu–ille	ef–feu-ille	le deuil
la feu–illée	ef–feu-illez	le seuil
le feu–illet	ef–feu-illons	l'é–cu-reuil
cue–ille	re–cue–ille	le re–cueil
cue–illi	re–cue–illez	l'é–cueil
cue–illons	re–cue–illi	le re–cueil

Co lo mbe a cue illi u ne feu ille.
J' ai un beau re cueil d'i ma ges.
El le ef feu illait ma bel le ro se.
Mon é cu reuil a tu é ma ca ille.
Tu é tais en deuil de ta mè re.

Leçons graduées de lecture sans épellation et d'orthographe usuelle, par VIRGINIE MAUVAIS.

Nancy, imprimerie de RAYBOIS et Cᵉ.

HUITIÈME TABLEAU.

30ᵉ Leçon.

Modificatifs composés, suivis d'un son.

cha sse	cho se	chau de	é chel le
che veu	chè re	choi si	ca chez
chu te	chaî ne	chan té	chien
blâ me	blon de	cla vier	clen che
blê me	blan che	clo cher	cloi son
blou se	bles sé	clai re	clou té

Clémence était bien charitable.
Je chantais ta jolie chanson.
Tu mettais le tableau sous la table.
Poirier a blessé ma belle caille.
La bienfaisance est un doux penchant.

31ᵉ Leçon.

flu et	gla ce	pla ce	plai re
flé au	glo be	plu met	plon gé
flan qué	gloi re	pleu rez	plan té
bai gna	li gné	di gni té	a gneau
pei gne	rè gne	i gna re	chi gnon
ro gné	ro gnu re	ro gnon	bai gnez

L'église est la maison de Dieu.
Le péché déplaît au bon Dieu.
Voilà un château magnifique.
Clara était une fille ignorante.
J'ai une bouteille pleine de bière.

32ᵉ Leçon.

bra ve	brin	cra sse	creu set
bri de	bri llez	cro chet	crain te
bro che	brou illé	croû te	croi sée
drô le	frè re	gra sse	grai ne
droi te	fran ce	gro sse	grim pé
dri lle	froi de	gri ve	gri llé

Ne bravez jamais le bon Dieu.
Mon frère boira de l'eau fraîche.
Ce fripon achète des dragées.
Je craignais de déplaire à Dieu.
Tu brouilles cette crème douce.

33ᵉ Leçon.

pren dre	trin gle	pau vre
prou vez	tran che	che vron
prai rie	trei lle	che vreuil
sca ro le	po sti llon	scru pu le
sta tue	pri sme	splen di de
stè re	psau me	di scrè te

Dieu récompense celui qui prie.
Qui aime Dieu, aime les pauvres.
Mets ta confiance dans la Providence.
Scolastique est bien spirituelle.
Auguste entreprendra cet ouvrage.

Leçons graduées de lecture sans épellation et d'orthographe usuelle, par VIRGINIE MAUVAIS.

1843 — NANCY, Imprimerie de RAYBOIS et Cⁱᵉ.

NEUVIÈME TABLEAU.

34ᵉ Leçon.

Je préfère les groseilles blanches.
Mon frère jouera du flageolet.
Clémentine pleurait à l'école.
Ta petite chambre est bien propre.
Achète cette belle cravate brochée.
Grégoire m'a prêté son peigne.
L'agneau est un joli petit mouton.
L'ignorance déplaît au bon Dieu.
Ce militaire a gagné une bataille.
Ce fripon a volé ma trompette.
Ambroisine a ma grosse aiguille.
Clara a souillé ma belle blouse bleue.
On a blessé mon beau chien.
Je voudrais peindre ce joli dragon.

35ᵉ Leçon.

Cette fricassée est trop poivrée.
Augustine a lu une belle histoire.
Ce joli postillon a un beau pistolet.
Obéissons à notre bon maître.
Aimez bien Dieu et votre prochain.
Cette grande prison est bien noire.
Je prendrai cet oiseau de proie.
Constance a été studieuse à l'école.
Mettez votre gloire à faire le bien.
Cueillez cette branche de chêne.
Françoise était agréable à la fête.
Chantez les louanges du bon Dieu.
Ambroisine était une fille prudente.
Ta belle brouette était bien brûlée.

36ᵉ Leçon.

Vigneron a du vin de champagne.
Cette jeune fille est très-discrète.
Enfants, priez bien le bon Dieu.
Justine a un costume très-distingué.
Préférez le bon pain au biscuit.
Ce pauvre a besoin de bouillon.
Mon frère a un grain de corail.
Le riche doit faire l'aumône.
Mangeons ce gâteau bien grillé.
Travaillez et vous aurez du pain.
Ce laquais est un mauvais sujet.
Cette maîtresse a de la dignité.
Ambroise a une belle grive grasse.
Auguste m'envoie une baignoire.

37ᵉ Leçon.

Travaillez et vous serez récompensés.
Augustine a taillé mes plumes.
Une bouteille pleine de vin gris.
Mon compagnon veut se baigner.
Ce joli bosquet est très-agréable.
Cet ouvrier a beaucoup d'ouvrage.
Ta fille cueillait de ce feuillage.
Cette grande statue est magnifique.
Claire a déchiré mon tablier bleu.
Je distribue du pain aux pauvres.
Votre maîtresse était bien satisfaite.
Ton bon frère avait du chagrin.
Ne cueillons pas ce joli bluet fleuri.
Clémence a troué ce beau fauteuil.

DIXIÈME TABLEAU.

38e Leçon.

Sons placés entre deux modificatifs.

ag	zag	ac	bac	af	raf	al	bal	ar par
eg	deg	ec	bec	ef	nef	el	bel	er ber
ig	zig	ic	tic	if	vif	il	fil	ir tir
og	dog	oc	roc	of	zof	ol	vol	or l'or
ug	zug	uc	duc	uf	tuf	ul	nul	ur sur

sac	bloc	chef	soif	qu'il	miel
soc	stuc	bref	juif	quel	ciel
sec	bouc	veuf	suif	seul	poil

Ce garçon veut servir Dieu avec zèle.
Victorin avait un chef bien actif.
Duval a un morceau de cuir sec.

39e Leçon.

ar bre	or gueil	ur gent	er mi te
car ton	cor don	dur cir	ber ger
gar dien	gor ge	pur ger	per che
jar din	sor tir	tur ban	ser vir

jou eur	la fleur	our let	par loir
gar deur	ven geur	bour let	ti roir
par leur	ri gueur	jour née	ra soir
por teur	li queur	gour me	dor toir

Martin a le cœur bien sensible.
Dieu est le seigneur des seigneurs.
La religion parle toujours au cœur.

40e Leçon.

ab l'ab cès	ad j'ad mets	ap cap tif
ob l'ob jet	od god froi	up rup tu re
ub sub ti le	ud bud jet	ep rep ti le

as hé las	at le fat	ax bo rax
os mé ri nos	ot la dot	ex in dex
us blo cus	ut le but	ix pré fix
es ves te	et le net	ex ex cep té

Alfred respecte ce pauvre esclave.
Admirez et servez le bon Dieu.
David exige cette petite question.

41e Leçon.

Modificatifs dédoublés.

ac cé dé	al lé gé	im mo ral	an nu ler
vac ci né	pal lier	im mo ler	an na les
suc cès	il lustre	in no ver	ir ri ter

Modificatifs redoublés.

ba lle	po mme	hu ppe	ho tte
tou ffe	bo nnet	pa tte	ba rre
sa lle	go mme	na ppe	lo tte
gri ffe	so nner	bo tte	ca rré

L'âme de l'homme est immortelle.
Malheureux celui qui est irréligieux.
Saturnin veut dire une bonne prière.

Leçons graduées de lecture sans épellation et d'orthographe usuelle, par VIRGINIE MAUVAIS.

NANCY, Imprimerie de RAYBOIS et Cie.

ONZIÈME TABLEAU.

42ᵉ Leçon.

Voyelles et modificatifs nuls.

broc	gond	rang	baril	drap
croc	gland	sang	fusil	loup
tronc	lard	poing	outil	coup
tabac	nid	coing	coutil	champ

doigt	faulx	thème	j'eus	saône
vingt	prompt	thèse	tu eus	taon
poids	exempt	thorax	il eut	paon
pouls	instinct	rhume	j'ai eu	faon

Mon fils a passé l'automne à Laon.
J'eus de ce monsieur un joli fusil.
Tu condamnes sur un soupçon.

43ᵉ Leçon.

Sons changeant de valeur.

o	es	er	en
ô	e	ère	ène
le loto	resserre	lucifer	abdomen
haricot	dessous	hiver	gramen
propos	dessus	cuiller	gluten

œ	œ	ien	um
e	é	ian	ome
œuvre	œdème	conscience	album
bœuf	œnomel	audience	décorum
vœu	œdipe	science	muséum

Mon cher frère aime le mois d'août.
Thérèse a une conscience bien pure.
J'aime vos sœurs de tout mon cœur.

44ᵉ Leçon.

ent	aient	e
e	é	a
ils lisent	ils dînaient	ardemment
elles lavent	ils buvaient	solennel
ils nagent	ils nageaient	femme

y	y	Tréma (··)
i	ii	
cylindre	moyen	un païen
mystère	croyez	la ciguë
symbole	paysage	héroïne

Moïse a payé son loyer à Ésaü.
Nos amis étaient très-joyeux à la fête.
Ils lisent le symbole des apôtres.

45ᵉ Leçon.

Modificatifs changeant de valeur.

ph	ph	ph
f	f	f
phébus	phrase	prophète
phénix	phrygien	éléphant
physique	sphère	camphre

ti	ti	ti
ci	ci	ci
location	dévotion	essentiel
fraction	vexation	martial
jonction	décoration	ineptie

Androphile a un style très-correct.
Elles prient Dieu avec dévotion.
Ces femmes étudiaient la sphère.

Leçons graduées de lecture sans épellation et d'orthographe usuelle, par VIRGINIE MAUVAIS.

Nancy, imprimerie de RAYBOIS et Cⁱᵉ.

DOUZIÈME ET DERNIER TABLEAU.

46ᵉ Leçon.

x ss	x z	g se prononçant dur.
soixante	deuxième	stagnante
bruxelles	dixième	gnidion
auxonne	sixième	ignition

Le sel est une substance minérale.
Dieu punit les hommes orgueilleux.
Admirez cette belle éclipse de soleil.
Ne buvons pas des liqueurs fortes.
Les crapauds aiment l'eau stagnante.
Godfroi a un caractère admirable.
Étudie la grammaire et la géographie.
Plaignons les malheureux captifs.
Les enfants hypocrites sont détestés.

47ᵉ Leçon.

George cultive ce charmant jardin.
Le bœuf est un animal domestique.
Lacour a rapporté un beau bougeoir.
L'aspect d'un précipice est effrayant.
Théophile est un écolier intelligent.
Les animaux ont beaucoup d'instinct.
Ce malfaiteur est condamné à mort.
Les mignots sont des enfants gâtés.
Les fortes pensées viennent du cœur.
J'ai vu mourir un général illustre.
L'espérance me fait supporter la vie.
Nous portions une potion essentielle.
Le bavard est un voleur de temps.
L'araignée est un insect bien hideux.

48ᵉ Leçon.

ch k	qu cu	qu cou
archange	quintuple	quadruple
orchestre	équestre	aquatique
choléra	questeur	équateur

L'automne est la saison des fruits.
Quels beaux monuments illuminés.
Androphile fait toujours ses devoirs.
Le canard est un oiseau aquatique.
La fleur du géranium est superbe.
Le choléra est une horrible maladie.
Ce sergent-major a un air martial.
Le brochet est un poisson excellent.
La France est immensément riche.

49ᵉ Leçon.

L'exercice convient aux enfants.
La vache est un mammifère utile.
Tes réflexions sont très-prudentes.
Il faut bien travailler pour s'instruire.
Ces voyageurs allaient à Jérusalem.
Lenoir a quadruplé sa petite fortune.
Adoptons ces pauvres orphelins.
Thérèse fait des fautes d'orthographe.
L'écho répète les accents de la voix.
Mathieu a bien mérité la décoration.
L'expérience est un grand maître.
La vie patriarchale nous plaît.
La ciguë est un poison très-violent.
Nous savons lire assez couramment.

Leçons graduées de lecture sans épellation et d'orthographe usuelle, par VIRGINIE MAUVAIS.

NANCY, Imprimerie de RAYBOIS et Cⁱᵉ.